BEI GRIN MACHT SICH IHR WISSEN BEZAHLT

- Wir veröffentlichen Ihre Hausarbeit,
  Bachelor- und Masterarbeit

- Ihr eigenes eBook und Buch -
  weltweit in allen wichtigen Shops

- Verdienen Sie an jedem Verkauf

**Jetzt bei www.GRIN.com hochladen
und kostenlos publizieren**

GRIN

Gesundheitsverhalten und Psychologie. Selbstwirksamkeitserwartung, Adipositas bei Kindern und Jugendlichen, Beratungsgespräch

GRIN

Bibliografische Information der Deutschen Nationalbibliothek:

Die Deutsche Nationalbibliothek verzeichnet diese Publikation in der Deutschen Nationalbibliografie; detaillierte bibliografische Daten sind im Internet über http://dnb.d-nb.de abrufbar.

ISBN: 9783346417329
Dieses Buch ist auch als E-Book erhältlich.

© GRIN Publishing GmbH
Nymphenburger Straße 86
80636 München

Druck und Bindung: Books on Demand GmbH, Norderstedt Germany
Gedruckt auf säurefreiem Papier aus verantwortungsvollen Quellen

Das vorliegende Werk wurde sorgfältig erarbeitet. Dennoch übernehmen Autoren und Verlag für die Richtigkeit von Angaben, Hinweisen, Links und Ratschlägen sowie eventuelle Druckfehler keine Haftung.

Das Buch bei GRIN: https://www.grin.com/document/1011970

Deutsche Hochschule für

Prävention und Gesundheitsmanagement

Hermann Neuberger Sportschule 3

Einsendeaufgabe

Fachmodul:	Psychologie des Gesundheitsverhaltens
Studiengang:	Bachelor of Arts Gesundheitsmanagement
Datum Präsenzphase:	11.09.2017 – 13.09.2017
Studienort:	**Hamburg**
Semester:	**Sommersemester 2017**

Inhaltsverzeichnis

1 Aufgabe 1 - Selbstwirksamkeitserwartung

1.1 Definition „Selbstwirksamkeitserwartung"

Schwarzer (2004) definiert die Selbstwirksamkeits- oder Kompetenzerwartung als „die subjektive Gewissheit, neue oder schwierige Anforderungssituationen aufgrund eigener Kompetenzen bewältigen zu können". (S.12). Die Aufgaben der Anforderungssituationen sind als solche beschrieben, die „Anstrengung und Herausforderung zur Bewältigung" erfordern. Die Selbstwirksamkeit ist zielgerichtetes Handeln und beschreibt die Erwartungen, die sich ein Individuum seinen eigenen Kompetenzen zuschreibt. Laut der sozial-kognitiven Theorie von Bandura kommt es nur durch Selbstwirksamkeitserwartung zum Handeln einer Person (Bandura, 1979).

1.2 Messung der spezifischen Selbstwirksamkeitserwartung zur gesunden Ernährung

1.2.1 Fragebogen

Mit Hilfe eines Fragebogens wurde eine Messung der spezifischen Selbstwirksamkeitserwartung zur gesunden Ernährung erprobt. Zu dem Thema waren 18 verschiedene Fragen vorgegeben. Diese sollten mittels fünf Antwortmöglichkeiten der Kategorie „gar nicht sicher" bis „ganz sicher" beantwortet werden.

1.2.2 Auswertung

Die Befragung wurde an fünf Personen aus dem persönlichen Umfeld des Autors durchgeführt. Die sowohl weiblichen als auch männlichen Probanden befinden sich im Alter von 21 bis 50 Jahren. Das individuelle Ergebnis ergibt sich aus der Summe aller 18 Antworten. Daraus ist ein Score zwischen 18 und 90 zu erreichen. Je höher der Wert der einzelnen Person, desto höher seine Selbstwirksamkeit zur gesunden Ernährung.

4

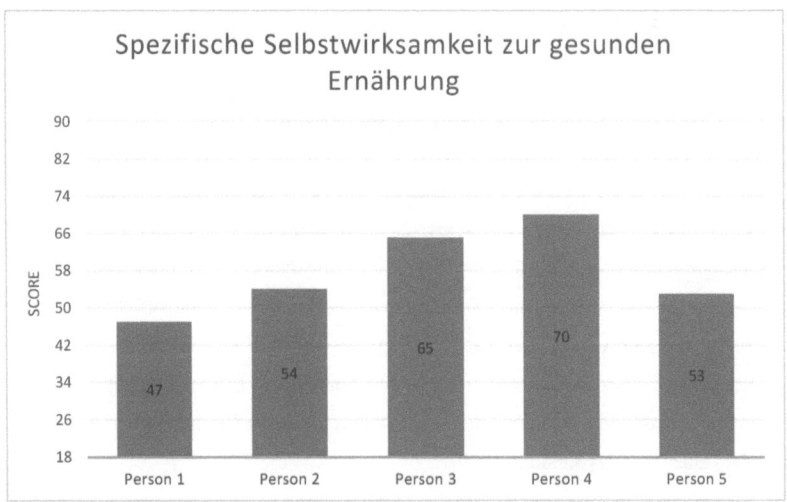

Abbildung 1: Auswertung des Fragebogens "spezifische Selbstwirksamkeitserwartung zur gesunden Ernährung" (eigene Darstellung, 2017)

Man kann deutlich erkennen, dass Person 4 die höchste Selbstwirksamkeitserwartung zur gesunden Ernährung aufweist, weil sein Score einen Wert von 70 hat. Person 3 liegt mit einem Score von 65 knapp hinter Person 4. Mit einem Score von nur 47 hat Person 1 das geringste Selbstwertgefühl. Person 2 und Person 5 liegen mit jeweils mit einem Score von 54 und 53, bezogen auf die anderen Probanden, im mittleren Bereich. Der Mittelwert liegt bei einem Score von 57,8.

Dieses Ergebnis ist jedoch nicht äußerst aussagekräftig, da unter den einzelnen Testpersonen jeder ein anderes Verständnis von gesunder Ernährung hat und die Zahl der Befragten sehr gering ausfällt.

1.3 Vergleich zweier wissenschaftlichen Studien zum Thema „Selbstwirksamkeitserwartung"

Tabelle 1: Tabellarischer Vergleich zweier Studien zur Selbstwirksamkeitserwartung (eigene Darstellung, 2017)

	Dohnke et al. (2006)	Schneider & Rief (2007)
Fragestellung(en)	- Beobachtungsstudie: Wie sind die Ergebnis- und Selbstwirksamkeitserwartungen von Patienten nach einer stationären orthopädischen Reha-	- Können Therapieerfolge in Schmerzbewältigung und Beeinträchtigung zur Steigerung der Selbstwirksamkeitserwartungen führen?

	Maßnahme nach Hüftgelenkersatz? - Querschnittsstudie: Wie wirkt sich der Einfluss des körperlichen Gesundheitszustands, des emotionalen Wohlbefindens und behandlungsbezogener Erfahrungen auf beide Erwartungstypen zu Reha-Beginn aus?	- Welchen relativen Beitrag leisten Erfolge in diesen Bereichen?
Stichprobe	- 1065 Patienten, davon 60% Frauen im Durchschnittsalter von 64.58 Jahre - 92% der Befragten hatten als Hauptdiagnose eine Hüftarthrose	319 Patienten, die stationäre psychosomatische Rehabilitation erhielten und eine „Anhaltende somatoforme Schmerzstörung" als Hauptdiagnose aufwiesen. Hiervon gaben 316 Patienten (Durchschnittsalter von 47,9, zu 85,1% weiblich) bei Aufnahme und 298 Patienten bei Entlassung den Fragebogen ausgefüllt ab (Rücklaufquote von 93,1%).
Materialien/Test	Fragebogen zu Reha-Beginn, Reha-Ende und sechs Monate nach Entlassung	- Untersuchung bei Aufnahmen und Abschluss einer stationären psychosomatischen Rehabilitation - Befragung zu Theraphieerfolgsratings bei Entlassung - Analyse und Kreuzvalidierung der Daten mit Strukturgleichungsmodellen im Rahmen konfirmatorischer Pfadanalysen - Skalen und Ratings
Untersuchungsdesign	Multizentrischen Längsschnittstudie und Querschnittsstudie	Längsschnittstudie, Feldstudie
Hauptergebnisse	Längsschnittstudie: - Je positiver die Ergebniserwartung und je höher die Selbstwirksamkeitserwartung der Patienten zu Reha-Beginn, desto besser die Reha-Ergebnisse am Reha-Ende Querschnittsstudie: - Je besser der physische Zustand, umso höher ausgeprägt sind beide Erwartungstypen - Je geringer die Depressivitätswerte, umso höher die Selbstwirksamkeitserwartungen - Je höher Selbstwirksamkeitserwartungen, umso positiver die Ergebniserwartungen - positive behandlungsbezogene Erfahrungen waren mit höherer Selbstwirksamkeit aber mit weniger positiven Ergebniserwartungen verbunden	- 65% Varianz der Selbstwirksamkeits-Änderung - stärkste direkte Effekte bei erfolgreicher Reduktion der schmerzbedingten und allgemeintypischen Beeinträchtigung - stärkster Gesamteffekt bei Verbesserung der Schmerzbewältigungsstrategien über die Verbesserung der Beeinträchtigung

Die Studie von Dohnke et al. bezieht sich auf den Einfluss von Selbstwirksamkeitserwartung auf die Ergebnisse einer Therapie, die Studie von Schneider & Rief hingegen bezieht sich wiederum auf die Therapieerfolge durch Selbstwirksamkeitserwartung. Somit unterscheiden sich die beiden Studien hinsichtlich ihrer Fragestellung.

In der ersten Studie wurden deutlich mehr Probanden als in der zweiten Studie befragt. Die weibliche Anzahl der Probanden überwiegt in beiden Studien. Das durchschnittliche Alter der zuerst veröffentlichten Studie ist rund 15 Jahre älter als das Alter der danach veröffentlichten Studie. Außerdem weist die Studie aus 2007 eine Rücklaufquote von 93,1% auf. Da bei der Studie aus 2006 keine Rücklaufquote angegeben ist, lag diese wohl bei 100%.

Zur Befragung wurde in beiden Studien ein Fragebogen gewählt. In der Studie aus der linken Spalte wurde der Fragebogen drei Mal durchgeführt. Die Studie aus der rechten Spalte unterzog ihre Probanden zu zwei Zeitpunkten einer Untersuchung, aber nur zu einem Zeitpunkt zu einer Befragung. Damit hat die erste Studie mehr Vergleichsmöglichkeiten. Allerdings wurden mit den Ergebnissen der zweiten Studie deutlich mehr Tests durchgeführt.

In beiden Studien wurde eine Längsschnittstudie erhoben wobei in der ersten Studie das Untersuchungsdesign ebenfalls eine Querschnittsstudie ist.

Sowohl die Studie von Dohnke et al. als auch die Studie von Schneider & Rief haben ein positives Hauptergebnis erzielt.

2 Aufgabe 2 – Literaturrecherche: Adipositas bei Kinder und Jugendlichen

2.1 Definition „Adipositas"

„Übergewicht/Adipositas kann allgemein als eine Vermehrung des Körperfetts definiert werden, die über das Normalmaß hinausgeht" (Hauner, 2013, S. 24). Ob eine Person adipös ist, lässt sich anhand des Body Mass Index (BMI) errechnen. Laut der World Health Organization (WHO) sind Kinder und Jugendliche im Alter von fünf bis 19 Jahren ab einem BMI von 30 übergewichtig. Hauner gibt des Weiteren an, dass durch Adipositas eine Gefährdung der Gesundheit und erhöhtes „Risiko für Folgeerkrankungen einhergeht" (S. 13).

2.2 Theoretische Grundlagen

Ohne eine Motivationslage zur Veränderung des aktuellen Verhaltens bei Adipositas ist das Ziel der Gewichtsreduktion nicht zu erreichen. Willensprozesse sind zur Aufrechterhaltung des neuen Lebensstils unerlässlich. Knisel, Ziegler, Lezinsky & Strang (2007) nutzen hierzu „die Theorie der willentlichen Handlungssteuerung von Kuhl (2001)" (S. 15). Durch die Aktivierung des Intentionsgedächtnisses wird aus dem allgemeinen Ziel der Reduzierung des Körpergewichts zum Beispiel ein spezifisches Ziel zur Steigerung der Bewegung und daraus resultiert eine Absicht zur Handlung. Die Aktivierung des Extensionsgedächtnisses dient der leichteren Umsetzung der Handlungsabsichten und als Erfahrungshintergrund plötzlicher Veränderungen oder Misserfolge. „Somit spielt bei der Veränderung des Bewegungs- und Ernährungsverhaltens sowohl die Kommunikation zwischen dem Intentionsgedächtnis und der Intuitiven Verhaltenssteuerung als auch die zwischen dem Extensionsgedächtnis und dem Objekterkennungssystems eine wichtige Rolle." (Knisel et al., S. 16).

2.3 Entstehung

Adipositas ist zum einen von der Genetik abhängig, hat aber noch weitere Entstehungsgründe wie zum Beispiel eine unausgewogene Ernährung, mangelnde Bewegung und generell einen ungesunden Lebensstil (Kiess, 2015, S. 404). Häufiger sind ebenfalls Kinder aus sozial benachteiligten Familien adipös. Ein weiterer Risikofaktor für die Entstehung von Adipositas ist die Industrialisierung von ungesunden, schnell verfügbaren Lebensmitteln wie Fast Food. Durch einen Mangel an Schlaf kann es zudem auch noch zum adipösen Übergewicht kommen.

2.4 Überblick über aktuelle Daten und Zahlen

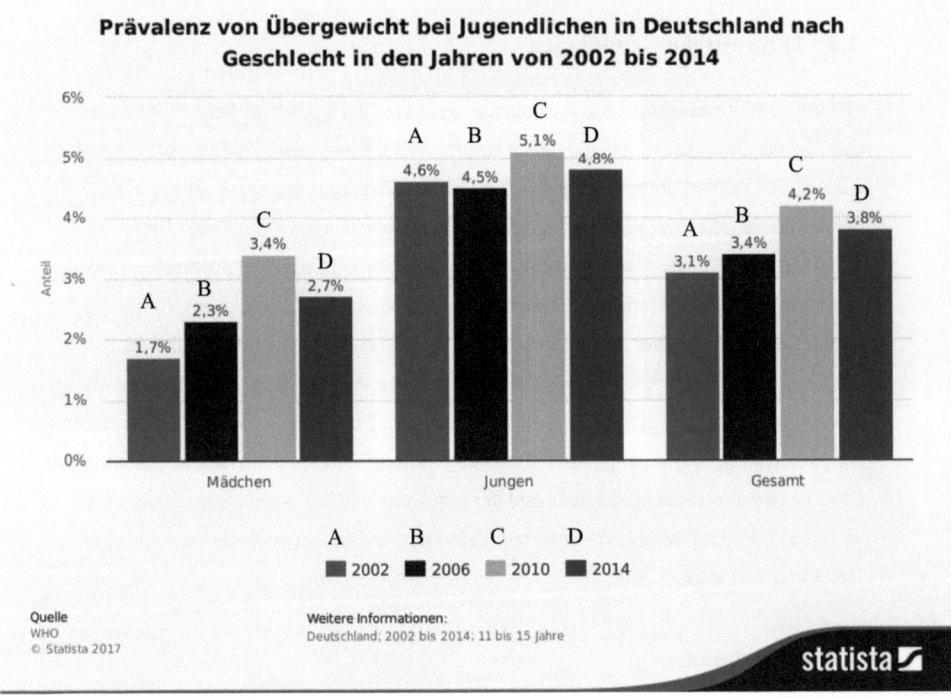

Abbildung 2: Prävalenz von Übergewicht bei Jugendlichen in Deutschland nach Geschlecht in den Jahren von 2002 bis 2004 (WHO, 2017)

In der Statistik der WHO ist die Prävalenz von Übergewicht bei Jugendlichen im Alter von 11 bis 15 Jahren nach Geschlecht in Deutschland von 2002 bis 2014 angegeben. Man kann deutlich erkennen, dass die Jungen häufiger als die Mädchen an Übergewicht erkranken. Bei den Mädchen hat sich das Übergewicht in den Jahren von 2002 bis 2010 verdoppelt. Im Jahre 2014 ist der Anteil wieder um 0,7% gesunken. Das Übergewicht der Jungen variiert nicht so stark wie bei den Mädchen und hält sich im Bereich von 4,6% bis 5,1% auf. Das Übergewicht beider Geschlechter zusammen war im Jahre 2010 mit 4,2% am höchsten und im Jahre 2002 mit einem Anteil von 3,1% am geringsten.

2.5 Präventions- und Interventionsprogramme zur Reduktion von Gesundheitsrisiken

Zu den Grundlagen der Präventionsprogramme gehören die Kombination aus Ernährungs-, Bewegungs- und Verhaltenstherapien (Teufel, 2015, S. 530). Teufel unterteilt die Behandlung in zwei Phasen. Die erste Phase dient der Gewichtsreduktion, die zweite Phase ist zur Erhaltung des Gewichts einhergehend mit einer langfristigen Ernährungsumstellung und Vermehrung von Bewegung. Die individuelle Vorgehensweise ist hierbei von großer Bedeutung. Teufel betont, dass die „psychosoziale sowie organmedizinische Gegebenheiten" den Therapiezielen angepasst werden müssen und diese für das Gewichtsmanagement Voraussetzung sind. Der Behandelnde muss sich ausreichend über den adipösen Klienten informieren und über mögliche Begleiterkrankungen oder sein soziales Umfeld Bescheid wissen.

Mögliche Interventionsprogramme sind das Protokollieren von Essverhalten um somit „negative Gedanken und Gefühle (z.b. gegenüber Nahrungsmitteln, der Figur)" (Tuschen-Caffier, 2005, S. 204) identifizieren zu können. Zur Verbesserung der Kommunikationsfertigkeit, Konfliktlösekompetenzen und Affektregulation werden Verhaltensübungen angewandt. Um eine höhere Verständlichkeit bei den Kindern und Jugendlichen zu erzielen, ist es ist es von Vorteil, die Interventionsmaßnahmen spielerisch – zum Beispiel in Form von Token-Programmen – und bildlich zu gestalten. Außerdem sollten die Eltern mit in die Beratung einbezogen werden, um so gemeinsame Lösungsansätze finden zu können.

2.6 Konsequenzen für eine gesundheitsorientierte Beratung

In der Beratung von Kindern und Jugendlichen ist häufig das Problem, dass diese nicht ausreichend informiert sind und sie selber noch nicht so viel ändern können, da es ihnen einfach an Wissen und Aufklärung fehlt. Tuschen-Caffier hat deutlich gemacht, dass es demnach wichtig ist, im Beratungsgespräch die Eltern des betroffenen Kindes mit einzubeziehen und diese ebenfalls über die Risiken aufzuklären. Die weiter oben genannten Präventionsprogramme müssen langfristig verändert werden, was im Kindes- und Jugendalter wegen mangelnder Einsicht häufig schwierig umsetzbar ist.

3 Aufgabe 3- Beratungsgespräch

3.1 Transtheoretisches Modell in Bezug auf das Fallbeispiel

Frau M. befindet sich in Bezug auf das Transtheoretische Modell (Abbildung 2) in Stufe 2 (Absichtsbildung). Sie denkt darüber nach, ihr Verhalten zu ändern, denn sie möchte ihr Gewicht reduzieren, weiß allerdings noch nicht wie. Somit ist sie sich ihres Problems bewusst. Es kann vorkommen, dass Personen in dieser Stufe sehr lange verharren. Das liegt daran, dass in diesem Stadium die Nachteile der Verhaltensänderung den Vorteilen überwiegen. Frau M. hat aber schon einen Termin für eine Beratung und wird sich demnach wahrscheinlich nicht sehr lange in dieser Phase aufhalten.

Stufe 1 Absichtslosigkeit	Stufe 2 Absichtsbildung	Stufe 3 Vorbereitung	Stufe 4 Handlung	Stufe 5 Aufrechterhaltung
Keine Absicht, das momentane Verhalten innerhalb der nächsten sechs Monate zu verändern	Es wird in Erwägung gezogen, das Verhalten innerhalb der nächsten sechs Monate zu verändern	Erste Schritte zur Verhaltensänderung wurden eingeleitet. Zielverhalten innerhalb des nächsten Monats wahrscheinlich	Zielverhalten besteht seit weniger als sechs Monaten	Zielverhalten wird seit mehr als sechs Monaten beibehalten

Einstellungsaspekte	Verhaltensaspekte

Abbildung 3: Transtheoretisches Modell (modifiziert nach Knoll et al., 2011, S. 53-54)

3.1.1 Gesundheitspsychologische Ziele im Verlauf der Beratung

Laut des Rubikon-Modells befindet Frau M. sich in der Intentions- bzw. Zielbildungsphase. Ziel dieser Phase ist es, dass sie den Rubikon überschreitet und die präaktionale Phase erreicht. Es muss zusammen mit dem Berater ein handlungswirksames Ziel erarbeitet werden. Um den Rubikon zu überschreiten, muss der Berater erst einmal die Motive und Beweggründe von Frau M. herausfinden, aus welchem Grund sie zu der Beratung kommt. An dieser Stelle kann sich herausstellen, dass sie sich ihres Problems möglicherweise noch gar nicht richtig bewusst ist und keine hohe Notwendigkeit sieht, ihr Verhalten zu ändern. Sie muss sich also erst einmal Problembewusstsein schaffen. Dieses kann die Kundin zum Beispiel durch eine Kosten-Nutzen-Abwägung der Verhaltensänderung bekommen. Zur weiteren Unterstützung der Intentionsbildung ist es wichtig, Ressourcen zu nutzen, also Frau M. zu fragen, ob sie schon einmal ähnliche Situationen bewältigt hat.

11

Die soziale Unterstützung durch Freunde oder Familie ist ein weiterer wichtiger Aspekt der Verhaltensänderung. Im letzten Schritt steht die Zielerarbeitung, die zum Überschreiten des Rubikons führt. Das Ziel soll aber durch Frau M. erarbeitet werden. Der Berater gewährt ihr dabei nur Unterstützung und leitet sie in die richtige Richtung.

3.2 Rolle des Beraters

3.2.1 Vorbereitung (organisatorisch und mental)

Zu der organisatorischen Vorbereitung gehört das richtige Terminmanagement. Das bedeutet, dass das Unternehmen ausreichend Zeit für den Termin einplant. Des Weiteren sollten Unterlagen und Materialien, die für den Termin benötigt werden, bereitgestellt werden. Der Berater sollte sich zudem ausreichend über seinen Kunden informieren, um sich auf das bevorstehende Gespräch einstellen zu können.

Zu der mentalen Vorbereitung gehört vor Terminbeginn die eigene Einstellung. Der Berater sollte sich in seiner eigenen Rolle also sicher fühlen und auch so auftreten. An der Situation sollte der Berater Spaß haben und die Dienstleistung zur Problemlösung anbieten. Er sollte auf jeden Kunden individuell eingehen können und diesen nicht mit einer Standartlösung abarbeiten. Durch die zuvor genannten Aspekte erlangt der Berater Sicherheit und diese wird wiederum auf seine Körpersignale wiedergespiegelt.

3.2.2 Persönliche Begrüßung

Der Berater ist im Prinzip einer der ersten „greifbaren" Dinge einer immateriellen Dienstleitung. Demnach ist die Begrüßung ausschlaggebend für den Verlauf des weiteren Gesprächs. Eine gelungene Begrüßung könnte beispielsweise lauten: „Hallo, ich bin Nadine und ich bin dein Trainer. Wie ist dein Name?"

3.2.3 Aufbau persönlicher Beziehung

Die ersten Minuten eines Gesprächs entscheiden über den Verlauf des Gesprächs. Vor Beginn des eigentlichen Themas kann ein Beziehungsgespräch geführt werden, um eine positive Beziehungsebene aufzubauen. Diese sollte im weiteren Verlauf des Gesprächs aufrechterhalten werden. Hierzu können dem Kunden anfangs persönliche Fragen bezüglich seiner Interessen gestellt werden. Mögliche Fragen könnten lauten „Bist du heute das erste Mal hier?", „Warst du schon einmal in einem Fitnessstudio?" oder „Betreibst du noch eine andere Sportart?". Über diesen Weg können Gemeinsamkeiten gefunden werden, diese vermitteln Sympathie und bauen einen guten Draht zueinander auf.

3.2.4 Aspekte der Kommunikation (verbal und nonverbal)

Die Aspekte der sowohl verbalen als auch nonverbalen Kommunikation sind eine weitere wichtige Rolle des Beraters. Die verbale Kommunikation ist ausschlaggebend dafür, ob der Kunde positiv gestimmt ist und sie gibt dem Berater die Möglichkeit, dem Kunden Wissen zu vermitteln. Dieses sollte dem Kunden aber möglichst verständlich und nicht mit Fremdwörtern dargelegt werden. Außerdem sollten die Sätze nicht zu lang gestaltet werden, damit der Kunde dem Gedankengang des Beraters folgen kann.

Im Allgemeinen sollte auf eine aufrechte Körperhaltung geachtet werden. Mimik und Gestik sollten angemessen und nicht übertrieben benutzt werden. Die nonverbale Kommunikation ist am entscheidendsten über den Gesprächsverlauf. Es ist viel bedeutsamer, wie wir durch Körpersprache und Tonalität kommunizieren, als das, was wir über das gesprochene Wort kommunizieren.

Werden Gemeinsamkeiten von Kunde und Berater entdeckt, kommt es zum sogenannten „Carpenter-Effekt". Dieser ist in der Beratung zum Aufbau von Vertrauen wichtig.

Um Sympathie zwischen Kunde und Berater herzustellen, ist das Pacing, also das bewusste und unbewusste Angleichen von Ausdrucksverhalten wichtig.

Blickkontakt ist unvermeidbar. Seltener aber langer Blickkontakt lassen den Gesprächspartner sympathisch wirken.

Während des gesamten Gesprächs sollte aktiv zugehört werden. Das aktive Zuhören äußert sich durch nicken, bestätigendes „Ja.", „Hmm." oder durch das Wiederholen des Gesagten in eigenen Worten. Dies vermittelt dem Gegenüber Aufmerksamkeit und Wertschätzung.

3.3 Gesprächsverlauf

Im nachfolgenden wird ein Gesprächsverlauf einer Beratung zwischen der Kundin Frau M. und dem Berater dargestellt.

In der Intentionsphase versucht der Berater, die Beweggründe von Frau M. mit Hilfe offener Fragen herauszufinden.

Berater: *Frau M., was sind Ihre Ziele und was möchten sie gerne erreichen?*

Frau M.: *Ich möchte gerne mein Gewicht reduzieren.*

Berater: *Haben Sie einen bestimmten Grund, warum Sie abnehmen möchten?*

Frau M.: *Ich fühle mich unwohl in meinem Körper. An den Beinen und am Bauch habe ich einfach viel zu viel Fett, das gefällt mir nicht!*

Berater: *Wie ernähren sie sich denn, Frau M.?*

Frau M.: *Ich esse sehr unregelmäßig und unausgewogen... Mir fehlt einfach die Zeit, auf meine Ernährung zu achten. Ich arbeite 20 Stunden die Woche als Sekretärin und habe zwei Kinder im Alter von 4 und 7 Jahren.*

Durch Information und Aufklärung versucht der Berater bei Frau M. Problembewusstsein zu schaffen.

Berater: *Was meinen Sie, sind denn die Vorteile und Nachteile Ihres aktuellen Verhaltes?*

Frau M.: *Naja, Vorteile habe ich in meiner jetzigen Situation eigentlich kaum, außer dass ich sehr viel Zeit für meine Familie habe, die brauche ich aber auch. Und die Nachteile sind, dass ich häufig müde und schlapp bin, wahrscheinlich wegen meines ungesunden Essverhaltens. Mein Übergewicht ist ebenfalls ein Nachteil und meine mangelnde Bewegung.*

Berater: *Das haben Sie richtig erkannt. Durch ihr Übergewicht können viele Krankheit wie zum Beispiel Bluthochdruck oder Diabetes mellitus Typ 2 entstehen. Oder Sie können durch ihr erhöhtes Körpergewicht und die mangelnde Bewegung Gelenkschmerzen bekommen. Sport ist da sehr wichtig für Sie! Und die Ernährung ist noch viel wichtiger, denn beim Abnehmen spielt die Ernährung mit 70% eine große Rolle und es kommt nur zu 30% auf das Training an. Was glauben Sie, würde passieren, wenn Sie Ihr momentanes Verhalten nicht ändern werden?*

Frau M.: *Wie Sie schon sagten, wahrscheinlich wird es dann zu den genannten Krankheiten kommen. Oder ich werde vielleicht nicht mehr richtig mit meinen Kindern spielen können, wenn ich Schmerzen bekomme oder es mir an Ausdauer fehlt. Das wäre sehr schade!*

Berater: *Was könnten Sie denn wiederum für sich gewinnen, wenn Sie ihr Verhalten zum Positiven verändern?*

Frau M.: *Ich würde mich fitter und wohler fühlen und somit mehr Energie im Alltag haben. Außerdem würde ich wieder zufriedener mit meiner Figur sein. Wahrscheinlich würde ich dadurch dann Komplimente von anderen bekommen und damit steigt mein Selbstvertrauen.*

Berater: *Ich würde vorschlagen, um das etwas deutlicher betrachten zu können, sollten wir Kosten und Nutzen gegenüberstellen. Überlegen Sie sich doch ebenfalls, welche Nachteile es mit sich bringen würde, wenn Sie eine Gewichtsreduktion in die Wege leiten.*
Frau M.: *Nachteile wären auf jeden Fall weniger Zeit für die Familie! Außerdem muss ich Zeit fürs Training und auch für gesunde Ernährung einplanen. Und ich habe die Kosten des Mitgliedschaftsbeitrags.*

Um Kosten und Nutzen abzuwägen, füllt der Berater mit seiner Kundin eine Kosten-Nutzen-Waage zur Gewichtsabnahme aus.

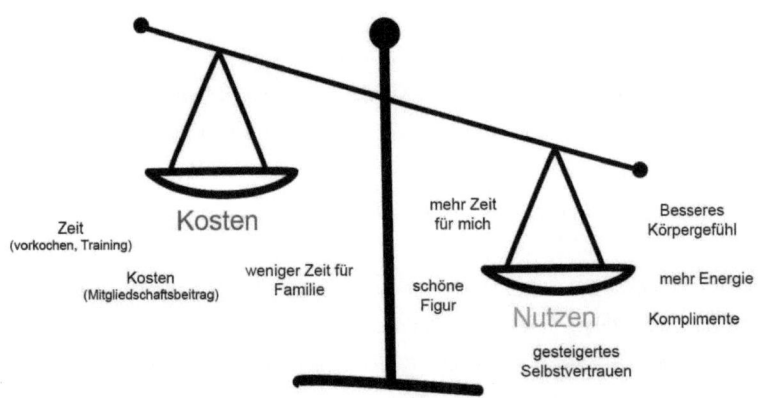

Abbildung 4: Kosten-Nutzen-Waage zur Gewichtsabnahme (eigene Darstellung, 2017)

Frau M. wird deutlich, dass eine Veränderung mehr Nutzen als Kosten mit sich bringt.
Frau M.: *Wow, das ist gut zu sehen, wie viel mehr Vorteile als Nachteile eine Lebensstilveränderung in meinem Fall hat! Allerdings weiß ich immer noch nicht, wie ich mein Verhalten ändern soll...*
Zur Unterstützung bei der Intentionsbildung nutzt der Berater die Ressourcen von Frau M..
Berater: *Frau M., haben Sie denn schon einmal ähnliche Ziele erreicht?*
Frau M.: *Ja, bevor wir Kinder hatten, habe ich mich regelmäßig sportlich betätigt. Aber jetzt fehlt mir einfach die Zeit dazu!*
Berater: *Haben Sie denn keine Möglichkeit, ihre Kinder bei Freunden oder Familie unterzubringen? Wussten Sie denn schon, dass wir auch Kinderbetreuung anbieten?*

Frau M.: *Ah, gut, dass Sie das sagen, das wusste ich noch gar nicht! Dann könnte ich ja, während ich trainiere, meine Kinder in der Kinderbetreuung unterbringen. Und eigentlich könnte ich sie auch ab und zu mal zu Freunden zum Spielen bringen. Meine Eltern oder Schwiegereltern haben auch genügend Zeit, um mal für 2 Stunden auf die beiden aufzupassen!*

Berater: *Na sehen Sie, dann wäre das doch schon mal ein Problem weniger. Also ist die soziale Unterstützung der Familie sicherlich auch gewährleistet. Was hält Sie noch von ihrem Änderungswunsch ab?*

Frau M.: *Ich weiß noch nicht so recht, wie ich das mit der Ernährungsumstellung schaffen soll.*

Berater: *Wenn Sie Essen kochen, dann bereiten Sie doch einfach eine größere Menge zu, damit Sie diese am nächsten Tag mit zur Arbeit nehmen können.*

Frau M.: *Das ist eine gute Idee, das kann ich machen.*

Frau M. ist sich ihres Problems bewusst, die Beweggründe sind ihr klar, sie erkennt deutlich den Nutzen der Verhaltensveränderung und hat eine feste Absicht gebildet. Letztendlich erarbeitet der Berater zusammen mit Frau M. anhand der SMART-Formel ihr Ziel.

Berater: *Lassen sie uns nun ihre Ziele noch einmal konkreter formulieren. Dazu nutze ich gerne die SMART-Formel, hiermit haben wir die wichtigsten Anforderungen abgedeckt. Ich werde Ihnen dazu ein paar Fragen stellen.*

Frau M.: *Alles klar!*

Berater: *Nennen Sie mir ihre spezifischen Ziele. Was ist konkret und präzise ihr Ziel? Beschreiben Sie dieses bitte in der Gegenwart.*

Frau M.: *Ich möchte abnehmen und meinen Ernährungsverhalten umstellen.*

Berater: *Versuchen Sie, die Gegenwartsform zu benutzen, wie zum Beispiel „Ich gehe ins Fitnessstudio.".*

Frau M.: *Ach, so meinen Sie das! Um abzunehmen, gehe ich regelmäßig ins Fitnessstudio und ändere meinen Ernährungsverhalten.*

Berater: *Wie oft und wie lange möchten Sie sich Zeit für ihr Training und das Vorkochen nehmen?*

Frau M.: *Ich gehe mindestens 2 Mal die Woche für 1-2 Stunden ins Fitnessstudio. Beim Kochen bereite ich immer eine extra Portion für den nächsten Tag zu, die ich mit zur Arbeit nehmen kann.*

Berater: *Wie könnten Sie sich ihr Ziel möglichst bildhaft vorstellen? Es muss sich also lohnen, ihr Ziel zu erreichen.*

Frau M.: *Hm, das ist eine gute Frage. Lassen Sie mich kurz überlegen... Da fällt mir ein, ich möchte gerne wieder in meine Jeans passen, die ich vor meiner ersten Schwangerschaft getragen habe!*

Berater: *Was denken Sie wäre ein realistischer Zeitraum, in dem Sie ihre Ziele erreichen können?*

Frau M.: *Also, ich würde gerne im nächsten Sommer wieder eine schöne Figur haben. Ich denke mal, das wäre realistisch, oder?*

Berater: *Ja, das schaffen Sie auf jeden Fall! Wenn man gesund abnehmen möchte, dann verliert man ungefähr 0,5kg in der Woche, sprich 2kg im Monat.*

Frau M.: *Also würde ich ja quasi im Februar schon 10 Kilo weniger haben, wenn alles gut läuft.*

Berater: *Das ist richtig, Frau M., und ich bin mir sicher, das werden Sie schaffen! Eine letzte Frage habe ich noch. Wann möchte Sie anfangen, ihre Ziele zu erreichen?*

Frau M.: *So schnell wie möglich!*

Berater: *Versuchen Sie, sich auf ein Datum festzulegen.*

Frau M.: *Heute haben wir Donnerstag. Also sage ich mal ganz klassisch, dass ich am Montag damit anfange. Beziehungsweise mit dem Vorkochen beginne ich am Sonntag und mit dem Training am Montag!*

Somit ist die Zielstellung abgeschlossen und die Intentionsphase beendet. Den Rubikon hat Frau M. überschritten, wenn sie den ersten Tag zum Training kommt, beziehungsweise ihr Essen für den nächsten Tag vorbereitet. Der Berater hat ihr also geholfen, ihre Ziele zu erarbeiten, sprich den Rubikon zu erreichen. Das Ziel wird erst handlungswirksam, sobald sich neue Gewohnheiten diesbezüglich ihrer Ziele in den Alltag integrieren.

4 Literaturverzeichnis

Bandura, A. (1979). *Social learning theory.* Engelwood Cliffs: Prentice Hall

Dohnke, B., M.-Fahrnow, W. & Knäuper, B. (2006). Der Einfluss von Ergebnis- und Selbstwirksamkeitserwartungen auf die Ergebnisse einer Rehabilitation nach Hüftgelenkersatz. *Zeitschrift für Gesundheitspsychologie,* 14 (1), 11-20.

Herpertz, S. & de Zwaan, M. (2015), *Handbuch Essstörungen und Adipositas.* (2. Aufl.). Berlin Heidelberg: Springer.

Kiess, W. (2015) *Risikofaktoren der Adipositas im Kindes- und Jugendalter.* Berlin, Heidelberg: Springer

Knisel, E., Ziegler, C., Lezinsky, D. & Strang, H. (2007). Selbststeuerung und Affektregulation. *Zeitschrift für Sportpsychologie,* 14 (1), 14 – 28.

Schneider, J. & Rief, W. (2007). Selbstwirksamkeitserwartungen und Therapieerfolge bei Patienten mit anhaltender somatoformer Schmerzstörung (ICD-10: F45.4). *Zeitschrift für Klinische Psychologie und Psychotherapie,* 36 (1), 46-56.

Schwarzer, R. (2004). *Psychologie des Gesundheitsverhaltens* (3. Aufl.). Göttingen: Hogrefe.

Tuschen-Caffier, B. (2006). Essstörung und Adipositas im Kindes- und Jugendalter. *Kindheit und Entwicklung,* 14 (4), 201 – 208.

Wirth, A. & Hauner, H. (2013), *Adipositas.* (4. Aufl.). Berlin Heidelberg: Springer

World Health Organization. (2007) *BMI-for-age (5-19 years).* Zugriff am 26.09.2017. Verfügbar unter http://www.who.int/growthref/who2007_bmi_for_age/en/

World Health Organization. (2017). *Adolescent Obesity and Related Behaviours.* Zitiert nach de.statista.com. Zugriff am 25.09.2017. Verfügbar unter https://de.statista.com/statistik/daten/studie/711791/umfrage/praevalenz-von-uebergewicht-bei-jugendlichen-in-deutschland-nach-geschlecht/

5 Abbildungs- und Tabellenverzeichnis

5.1 Abbildungsverzeichnis

5.2 Tabellenverzeichnis

BEI GRIN MACHT SICH IHR WISSEN BEZAHLT

- Wir veröffentlichen Ihre Hausarbeit,
  Bachelor- und Masterarbeit

- Ihr eigenes eBook und Buch -
  weltweit in allen wichtigen Shops

- Verdienen Sie an jedem Verkauf

Jetzt bei www.GRIN.com hochladen und kostenlos publizieren